AF562009

DES PROGRÈS
DU
GOUVERNEMENT
REPRÉSENTATIF
EN FRANCE.

SE VEND:

A Bordeaux, chez { GAYET, libraire.
Mme veuve BERGERET, libraire.

A Dijon, chez COQUET, libraire.

A Lille, chez VANACKÈRE, libraire.

A Marseille, chez MASVERT, libraire.

A Metz, chez DEVILLY, libraire.

A Montpellier, chez GABON, libraire.

A Rennes, chez DE KERPEN et DUCHESNE, libraires.

A Rouen, chez { FRÈRE aîné, libraire.
RENAULT, libraire.

A Strasbourg, chez TREUTTEL et WURTZ, libraires.

A Bruxelles, chez LE CHARLIER, libraire.

A Genève, chez PASCHOUD, libraire.

A Turin, chez BOCCA, libraire.

DES PROGRÈS
DU
GOUVERNEMENT
REPRÉSENTATIF
EN FRANCE.

SESSION DE 1817.

PAR M. DE PRADT,
ANCIEN ARCHEVÊQUE DE MALINES.

ARTICLE PREMIER.

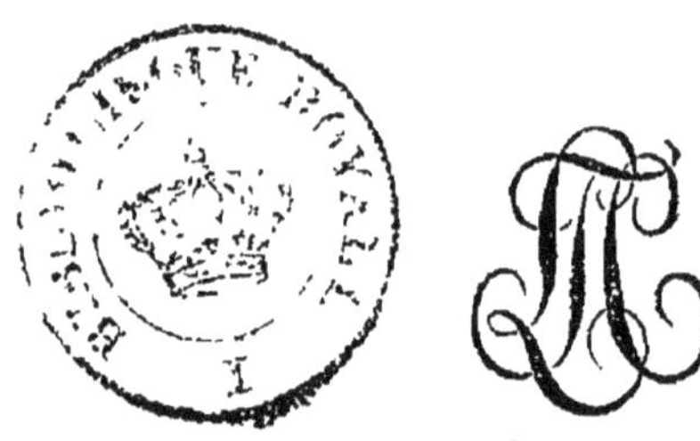

PARIS,
F. BECHET, LIBRAIRE,
RUE DES GRANDS-AUGUSTINS, N° 11.

DÉCEMBRE 1817.

DES PROGRÈS DU GOUVERNEMENT REPRÉSENTATIF EN FRANCE.

SESSION DE 1817.

ARTICLE PREMIER.

Nous avons publié quelques observations sur les préliminaires de la session qui vient de s'ouvrir. Ce travail nous a conduit naturellement à nous occuper des actes qui la remplissent, sous le rapport de leur conformité avec le gouvernement qui s'établit parmi nous. Sa marche et ses progrès offrent à l'observateur l'intérêt que présente l'enfance dans ses développemens successifs, lorsque les espérances et les craintes attachées au jeune âge tiennent l'esprit suspendu et comme partagé entre elles, lorsque l'œil, suivant les progrès que chaque jour porte avec lui, voit le tendre bourgeon percer son enveloppe, les fruits succéder au feuillage, et l'œuvre de la nature s'accomplir en parcourant tous les degrés marqués par elle pour arriver à la maturité. Ainsi, en est-il parmi nous du gouvernement représentatif. Il ne fait que de naître. En lui tout est neuf, hommes et choses (1). C'est pour la première fois qu'il apparaît en France, depuis la fondation de la monarchie : c'est pour la troisième, depuis la charte, qu'il est mis en jeu

---

(1) Nous n'avons pas l'honneur d'être du petit nombre de ces écrivains hâtifs qui, à l'aurore de chaque institution, à chaque mouvement du gouvernement, crient, depuis vingt-cinq ans, *au miracle* et *à l'immortalité!* Cette clameur dure encore. Toute nouvelle institution a été saluée, dans son berceau, des mêmes salves d'admiration et pourvue des mêmes brevets d'éternité : c'est une maladie véritable, une épidémie sur la populace de nos écrivains. Eh! messieurs, attendez! qui vous presse ? Le grand-juge est là qui s'avance, le Temps. . . . il soldera tous les comptes, et, seul, il prononcera en dernier ressort. . . . . .

et à l'épreuve. On pourrait même dire que c'est pour la première, en prenant, comme la raison autorise à le faire, pour une année normale de son établissement véritable, celle qui a vu les élections réglées d'après un ordre vraiment constitutionnel; car, jusqu'ici, il n'avait encore été que conventionnel, sans cependant en être moins obligatoire dans le début; il est donc bien essentiel d'observer et de faire connaître en quoi les actes des trois branches qui concourent à la formation des lois se rapprochent ou s'éloignent des principes du gouvernement représentatif, en quoi ils y sont conformes ou contraires. Car, dans le premier cas, on aura le gouvernement que l'on veut avoir; dans le second, on en aura un autre, mais indéfinissable, composé de parties hétérogènes, semblables à ces statues célèbres qui, dépourvues d'adhérence dans leurs parties, restaient fragiles avec des pieds d'argile sous une tête d'or. Telle serait notre position, s'il ne se trouvait pas une harmonie continue entre le principe et les actes de notre gouvernement: il s'apprête à agir: le vaisseau va prendre la mer : suivons sa marche ; relevons soigneusement son estime, et assurons-nous que, dans une course toujours directe, malgré le vent et les écueils, il tend vers le port qu'il cherche, au lieu d'aborder dans celui qu'il ne doit pas chercher.

Le principe de presque tous les maux parmi les hommes est qu'en voulant faire, ou qu'en ayant l'air de faire une chose, ils en font réellement une autre. L'erreur provient ou de l'ignorance ou de l'inobservation des principes de cette chose même.... Lorqu'on bâtit sans base, l'édifice écroule bientôt. Lorsque, agissant avec inattention, on bâtit sans proportions, sans régularité, la frêle construction écroule de même.

Il faut donc, en tout, commencer par bien constater les principes, les faire ensuite servir de règle, et, pour ainsi dire, de patron à tous les actes qui en dérivent. Une confrontation continuelle entre eux est le plus sûr moyen de prévenir la *dérive* : il faut, comme le pilote, prendre hauteur à chaque instant, pour bien connaître où l'on vient et où l'on va.

Tel est le but de ce travail. Il n'en a pas, et n'en peut avoir d'autre.

La malice du temps, celle qui se compose à la fois du venin que distille, pour tout esprit, la plume d'une classe d'écrivains uniquement occupés de personnalités et d'inculpations, et de la doctrine de certains légistes, qui, au sein du gouvernement représentatif, ne craignent point de dire aux citoyens qu'il est dangereux de s'occuper de politique, qu'ils doivent en détourner leurs études et se métamorphoser en prédicateurs de je ne sais quelles fadaises ou fadeurs, qu'ils ont de plus la simplicité de leur indiquer ; cette malice, disons-nous, nous force à rappeler nos droits, à nous occuper de ce travail (1).

En Angleterre, la mention de pareils droits couvrirait un homme de ridicule.... Quel an-

---

(1) Voyez les discours de M. de Vatimesnil, dans les affaires Rioust, Chevalier, Comte et Dunoyer ; voyez les invitations adressées par lui à ces derniers.

Voyez les complimens adressés par M. Riffé aux auteurs des *Débats* et de *la Quotidienne*, dans le cours

glais supporterait qu'on lui démontrât qu'il a le droit de s'occuper des affaires de son pays !...

En France, c'est tout le contraire ; on ne

---

même du procès en calomnie intenté contre eux et M. le marquis de Blosseville, par un *condamné à mort*.

Voyez ce que Montesquieu dit des crimes de lèse-majesté, et de leur poursuite.

Il est bien à remarquer que les conclusions de MM. les gens du roi ont été repoussées plusieurs fois par le tribunal.

Où ces messieurs prétendent-ils nous conduire ?

Ce qui s'est passé dans ces affaires achève de démontrer l'urgente nécessité du jury en toute affaire où il entre de la politique. *Si le jury n'existait pas dans le monde, il faudrait l'inventer.*

M. le marquis de Blosseville serait-il le même qui, dans la session de 1815, où il siégeait, prit occasion d'un service éminent rendu par M. Lafitte, pour le dénoncer ?

Où la rage de la dénonciation pousse-t-elle les hommes ?

Depuis 1814, le démon de la dénonciation, de la calomnie, de l'espionnage, est déchaîné parmi nous : ce que l'on a vu dans ce genre de bassesses d'esprit et de cœur est monstrueux, et, presque toujours, a été commis par des hommes dont les turpitudes ne devaient point être le métier.

cesse de disputer sur le droit. Une partie de la nation ne peut encore s'accoutumer à l'idée qu'il lui appartient ; beaucoup le repoussent comme si c'était un tort ou une injure dont ils seraient menacés, et il nous faut une réforme complète dans une grande partie de notre législation, dans une partie de nos habitudes et de nos idées, dans le langage de nos écrivains et de nos juges, pour retracer parmi nous la franchise du langage et de la marche qui est dans les habitudes de tout Anglais...

Nous dirons donc que nous nous occuperons de cette matière, tant *délicate qu'elle puisse être*, 1°. pour obéir aux invitations du gouvernement représentatif qui appelle tous les citoyens à exprimer leur opinion sur les objets d'intérêt public ; 2°. parce que, soutenant par des tributs la société dont nous faisons partie, nous avons le droit de savoir ce qui s'y passe (1). On a été chercher bien loin

(1) C'est d'après le même principe qu'il faut apprécier l'espèce de ridicule que certains écrivains cherchent à jeter sur les personnes qui s'occupent des af-

l'origine de la liberté de la presse, elle est dans l'impôt : celui qui alimente la société, a le droit d'y regarder et de dire ce qu'il y voit.....

---

faires publiques : ils appellent cela *faire de la politique*. On parlait ainsi, dans les petites villes, il y a vingt-cinq ans. Il faut voir toutes les niaiseries qu'ils entassent à l'envie les uns des autres. Ils croient avoir fait montre d'esprit, et se félicitent de la finesse de leurs plaisanteries, lorsqu'ils ont appelé les écrivains politiques, les publicistes, *conseillers d'état, conseillers du public*. Ces messieurs, d'ailleurs, grands ennemis de Napoléon, sont ici ses copistes ; car, de son temps, tout écrit, tout discours sur les affaires publiques, valait inévitablement un brevet de *gobe-mouche enregistré au Moniteur*. Ses continuateurs font de même ; et ce qu'il y a de plus plaisant dans tout ceci, c'est que les auteurs de ces pauvretés sont presque toujours des journalistes, c'est-à-dire, des hommes dont la politique est le pain quotidien, et qui ne s'aperçoivent pas de leur ingratitude à l'égard de ceux qui leur fournissent le texte de leurs gloses, et, avec eux, les soutiens de leur vie. Autant vaudrait entendre les ouvriers se plaindre du fabricant d'étoffes. Il serait temps de s'entendre.

Dans le gouvernement d'un seul, absolu, arbitraire,

Le mot de société dit tout : il n'assujettit les sociétaires qu'à l'observation des régles qu'ils ont faites et consenties pour leur plus grand avan-

---

et les trois ne font qu'un, faire de la politique est une absurdité, parce que c'est un danger en pure perte. Là, de quel droit, à qui parler, et par qui se faire écouter ?

Saint-Evremont a fait une assez bonne comédie sur cette manie. Le choix du personnage et du lieu de la scène sont parfaits ; c'est un Anglais qui vient parler à Venise comme il faisait à Londres. Le contraste de l'acteur et celui du lieu, des habitudes de l'un et de celles de l'autre, est très-propre à amener de fort belles scènes.

Montesquieu a répandu le sel de plaisanteries fort vives sur les alarmes de gens qui ne dormaient pas à Paris, parce que quelques troupes ennemies voltigeaient sur les Pyrénées, sous les ordres d'un prince dont le nom prêtait aussi à la plaisanterie. Il s'est moqué de même des personnes qui, du milieu des promenades publiques de Paris, prétendaient diriger des armées à deux cents lieues d'elles.

Tout cela est fort ridicule en soi-même, et, dans tous les cas, la plaisanterie trouve une application fort légitime ; car d'un côté, on a peur de ce qui n'a rien

tage réciproque. Voilà tout le secret des sociétés....

Mais, comme dans toute société, à côté d'un

---

d'effrayant, et, de l'autre, on se mêle de ce dont on n'est pas chargé, et de ce qui ne peut pas être l'objet d'une influence directe.

Mais, dans le gouvernement représentatif, c'est toute autre chose. S'occuper d'affaires publiques, de politique, c'est s'occuper de ses propres affaires, de sa chose propre; c'est répondre à l'appel du gouvernement, conformer ses droits à sa nature; c'est chercher à user d'une influence créée par la loi même, et dont l'effet tôt ou tard est inévitable. Voilà ce qu'il faut savoir bien distinguer, et qui sûrement n'a rien de ridicule. S'il y a à se plaindre des écrivains politiques, c'est qu'il y en ait si peu, et de si mauvais.

Les mêmes écrivains s'évertuent aussi à dire : *MM. N . . . . . sont infatigables.* Que veulent-ils dire? Est-ce de la fatigue du public ou de celle de l'auteur dont ils entendent parler? Qu'importe que l'auteur soit ou ne soit pas fatigué, si le public ne l'est pas? Qu'il ne soit pas fatigant, cela suffit, le public ne lui demande pas autre chose; et dès qu'il le deviendra, il saura bien l'en avertir. D'ailleurs, malheur à l'écrivain qui n'est pas le premier dans le secret de sa propre

droit se trouve toujours un devoir, c'est d'après celui-ci que doit être réglé l'exercice de celui-là.

Critiquer en vue de dépréciations, ne peut appartenir à personne; examiner en vue d'intérêt commun, appartient à tous, et c'est de la part qui nous revient dans ce droit, que nous usons ici.... Mais, pour cela, liberté, vérité, impartialité sur toutes choses, décence et mesure dans l'expression, fuite ou plutôt horreur de toute personnalité, abandon à Dieu

---

fatigue! c'est alors qu'il court risque de devenir fatigant.

Au reste, ces choses-là ne s'apprennent point chez les journalistes, mais chez les libraires.

Nous invitons l'auteur d'un article du *Journal de Paris*, à la date du 14 septembre dernier, à méditer ces réflexions. On a voulu nous persuader qu'il appartenait à un magistrat de Paris, connu par des succès littéraires, dont cet article ne serait ni la preuve ni la suite. Nous n'avons pu nous décider à croire qu'un magistrat de Paris aille se cacher dans le *Journal de Paris*.

seul du jugement sur le for intérieur, interdiction de tout regard sur les intentions, persuasion entière qu'il n'en existe pas une seule qui n'ait le plus grand bien pour objet, telle sera notre règle, et ce n'est pas d'aujourd'hui que nous nous la sommes imposée (1)... Il faut bien être ennemi de soi-même pour en suivre une autre. Car enfin, quel est le but des sociétés, en adoptant des institutions? D'affermir ou de renverser. Quel est-il encore en se donnant des chefs? D'avoir des guides ou des caricatures. Si les institutions et ceux qui, en différens grades, sont chargés de leur maintien, pouvaient être considérés comme des sujets d'attaque ou de dérision publiques, il serait plus raisonnable de commencer par s'en passer... On ne conçoit pas comment, au milieu d'un peuple nombreux, vif et enjoué, un gouvernement tour-à-tour assailli ou

(1) Nous n'insistons sur lui que parce qu'aujourd'hui on est forcé, pour sa sûreté, de se préparer à écrire, comme les marins, pour la leur, se préparent à combattre en se bastingant.

baffoué, pourrait se soutenir; on en a vu deux grands exemples en France. Jamais la presse et l'opinion ne furent plus libres que pendant l'assemblée constituante et sous le directoire. A ces deux époques, tout fut accusations ou caricatures, bouffonneries ou fureurs... Voyez aussi quel désordre en résulta, et ce que tous les deux devinrent.... Alors, le désordre était tellement dans la disposition générale, que les meilleurs esprits ne purent se défendre tout-à-fait de ses atteintes.... Le sage Mallet-du-Pan, l'ingénieux Rivarol (1), se servaient souvent d'armes trop pesantes ou trop perçantes pour notre temps, et quel qu'ait été, dans deux genres fort opposés, le mérite d'ailleurs très-grand de ces deux écrivains, leur talent pour

(1) Voyez le *Journal de Genève*, par Mallet-du-Pan, et le *Journal politique national*, par Rivarol, ouvrage trop tôt arrêté par l'auteur lui-même ; étincelant d'esprit, quoique l'auteur en ait fait abus quelquefois; rempli de plaisanteries excellentes, et de vues très-profondes sur la nature de la souveraineté, et la division des Chambres. Cet ouvrage laisse très-loin de lui tout ce qui, en France, a été écrit avant la révolution.

être de mise dans l'ordre actuel devrait se prêter à de grands ménagemens et même à de fortes soustractions, et le dernier surtout ne pourrait plus être reçu à consumer tout vivans, dans l'eau forte de ses plaisanteries, ceux sur lesquels ses mains déchirantes la répandaient si largement. Parmi nous, il faut désormais une autre méthode. Ce ne sont plus des combats, des provocations, des bouffonneries qui conviennent sous aucun rapport à notre nouvel état. Au contraire, il appelle, d'un côté, la raison, la décence, la gravité, la justice, pour ce qui est bon, de quelque part qu'il vienne; l'éloignement pour tout ce qui est nuisible, par quelque mains qu'il soit présenté. Que tout ce qui a été grand soit reconnu et reste tel : que ce qui a été petit, garde aussi ses proportions, que l'on n'exclut pas le mélange de l'un avec l'autre, car souvent il est fait des mains même de la nature; mais aussi que, d'un autre côté, on ne prenne pas facilement des ombrages; qu'on ne s'irrite pas de regrets légitimes chez qui perd ou descend beaucoup; qu'on n'impose pas aux hommes la loi de l'oubli ou du mépris pour ce qui a dû les frapper vivement et long-temps ; qu'on ne commande pas à l'histoire d'arracher tous les feuillets dont on n'est pas soi-même le sujet ; car quelle est la puissance en état de détruire une seule feuille de l'histoire, et qui, dans ses efforts pour y parvenir, ne s'exposât pas à lui en fournir une nouvelle ? Ce calme de l'esprit, qui est la preuve véritable de sa force, est la seule source de l'appréciation de la valeur réelle des choses, hors de laquelle il n'y a de sécurité ni de repos pour personne, et ce calme est aujourd'hui notre premier besoin et notre premier devoir.

De fréquens rapprochemens entre les institutions et les usages législatifs de l'Angleterre et de la France, se présenteront dans ce travail. Cela était inévitable : d'ailleurs il est curieux de voir comment, sur ces deux terres opposées, mais classiques de tant de manières pour le monde entier, les mêmes choses sont envisagées et manœuvrées, ainsi que d'examiner quel est le côté où l'on entend mieux la nature de son gouvernement, et où l'on serre de plus près ses principes. Une pareille recherche n'a rien d'oiseux; si quelqu'un objectait ce que l'on est trop souvent condamné à entendre, qu'autre est le gouvernement représentatif en Angleterre, et qu'autre il est en France, nous répondrons que nous ne connaissons pas plus deux gouvernemens représentatifs, que deux géométries, et qu'à moins qu'il n'y ait une géométrie anglaise et une géométrie française, il ne peut y avoir un gouvernement représentatif français et un gouvernement représentatif anglais. Autant vaudrait dire qu'il existe des gouvernemens représentatifs, à une branche, à deux, à trois branches : cela serait tout aussi lumineux. Il faut le dire, dans presque tous les états, on se borne à produire des actes conformes ou contraires, tout comme on peut, aux principes du gouvernement que l'on dit avoir; on presse, on pousse, la machine marche ou cahotte; et lorsqu'elle est arrêtée, on la remet en mouvement à force de bras, en écrasant qui de droit; on recommence ensuite cette savante manœuvre en se félicitant de ce glorieux succès, et dans ce cas on appelle cela gouverner....

Retour périodique des Sessions législatives.

Qu'il y a loin entre un peuple qui n'est rassemblé que lorsque le gouvernement, aux abois, fait des signaux de détresse, et vient pour ainsi dire jeter son ancre de miséricorde dans les bras d'une nation négligée aux jours de ses prospérités, et celui qui, semblable à une famille bien unie, prend chaque année un cours régulier vers le lieu, où d'accord avec son chef, il va reconnaître son état, pourvoir à ses besoins, remédier à ses maux, préparer son avenir, et, dans le concert de leurs lumières et de leurs vœux, assurer le bonheur commun. Douce image, pourquoi, depuis tant de siècles, n'as-tu été parmi nous qu'un rêve chargé d'horreurs, et n'es-tu devenue une réalité que depuis quelques printemps ! L'histoire des assemblées en France est retracée tout entière dans ce tableau (1). Les rois, gouvernant à part de la nation, tenant leur conseil dans leur cour, et n'en sortant, pour se rapprocher d'elle, que comme contraints (2), arrivaient à ces assemblées atténués de force et de considération, comme on est toujours après des malheurs et avec des besoins. Leurs nécessités connues fournissaient à l'avance des sujets de spécula-

---

(1) Moins les petits états de Tours, sous Louis XII.

(2) Ce fut une des causes principales de la perte des Stuart. Ils ne rassemblaient les parlemens que par intervalles irréguliers, lorsque l'extrême nécessité les y forçait, et avec l'intention connue et avouée de s'en passer dès qu'ils le pourraient. Quelles peuvent être, à l'égard les uns des autres, les dispositions d'hommes qui se rapprochent sous de pareils auspices ? Si la destinée de cette maison des Stuart fut cruelle, ses fautes furent aussi bien opiniâtres et bien lourdes . . . . Sous trois générations et quatre règnes, il n'y eut pas moyen de lui faire entendre raison un seul jour. Elle débute par un pédant sophiste, entiché des principes du droit divin sur son autorité; elle continue par deux princes prodigues sans argent, heurtant à chaque instant l'esprit ou les intérêts de la nation; elle s'abîme sous un prince despote déclaré, et qui, n'ayant que la nation pour faire

tions aux factions; des hommes réunis au milieu des orages, ne pouvaient qu'ajouter aux tempêtes et à leur fracas; aussi toutes les assemblées en France furent-elles des époques d'agitations. Filles du désordre, elles ne pouvaient à leur tour que devenir les causes de nouveaux désordres, et lorsqu'on cherchait à dissuader les rois d'y recourir, on aurait dû commencer par les dissuader de se livrer aux désordres qui faisaient ensuite invoquer le secours de ce dangereux remède. Quand on veut éviter les maladies, et se passer des médecins, il faut commencer par fuir l'intempérance.

Le long intervalle de temps qui séparait

---

valoir son despotisme, commença par s'établir en opposition directe avec ce qu'elle a le plus à cœur.

Ainsi Charles second se tient en alliance, et presque sous la protection de Louis XIV.

Jacques II se déclare catholique, appelle le légat du pape, s'entoure de jésuites, exerce d'affreuses barbaries contre ses ennemis. Il périt, et fait périr sa maison avec lui. On se demande ensuite comment cela est arrivé, et comment les nations finissent par se fâcher, et songer à elles-mêmes.

ces assemblées l'une de l'autre, rendait leurs résolutions illusoires : car à qui appartenait-il d'en poursuivre l'exécution ? cette même distance rendait encore très-impropres à s'occuper des intérêts qu'ils avaient à régler, les membres qui les formaient : où auraient-ils appris l'administration d'un état dont on n'entendait point parler une fois par siècle. Ils arrivaient donc dans ces réunions comme des voyageurs dans une terre étrangère, sans connaissance du passé, sans attache pour une chose passagère, et qui ne doit plus se remontrer. Quel intérêt peut exister entre le néant du passé et le néant de l'avenir.

Mais combien les choses sont changées en notre faveur ! Ce ne sont plus les siècles qui séparent les unes des autres les générations de la grande famille, et qui les condamnent à s'ignorer mutuellement et toujours, ce n'est plus l'extrémité des besoins qui les rapproche, ce n'est plus le monarque *à bout de voies*, qui vient rabaisser sa dignité en dévoilant ses fautes et sa détresse, ce n'est plus un vain étalage de requêtes d'usage, destinées par un autre usage à s'ensevelir dans le même abîme qui avait également englouti toutes celles qui les avaient précédées; non, ce n'est plus sous ces auspices menaçans ou vains, terribles ou fantastiques, que la France se réunit aujourd'hui : mais elle entend, elle suit la voix de la loi qui, à des époques certaines et rapprochées, rappelle toutes les branches qui forment la législation, pour reprendre entre elles l'œuvre dont elles ont à s'occuper. L'heure sonne et les trouve toutes à leur place; le travail n'a été interrompu qu'autant de temps que l'exige la nature des choses : car, si celle de la puissance exécutive veut une action de tous les instans, celle de la puissance législative la borne à des occupations de peu de durée; il faut faire des lois peu et rarement, mais il faut les faire exécuter chaque jour. Le retour rapproché, périodique et prévu des assemblées législatives, prévient les troubles : ce n'est point dans leur présence ou dans leur voisinage que l'on machine, et leurs réunions sont trop rapprochées pour qu'il arrive entre elles de ces événemens qui suscitent les grands troubles; il faut du temps pour les former. Ce même rapprochement est encore très-propre à entretenir la suite si nécessaire dans les affaires; des hommes qui savent qu'ils doivent les reprendre dans six mois, cherchent à n'en point perdre la liaison; ils n'ont pas le temps de s'en déshabituer; s'ils se reposent, ils ne s'endorment point, ils oublient encore moins. Que l'on compare les degrés d'aptitude aux affaires qui devaient jadis appartenir à des hommes surpris, pour ainsi dire, par elles, et celui qui ne peut manquer d'appartenir aujourd'hui à des hommes qui en ont l'habitude journalière, qui passant la moitié de l'année en séance, et l'autre moitié en attente de ces mêmes séances, ne lâchent jamais le fil qu'ils ont saisi une première fois, et qui rentrent sur leurs siéges, fortifiés par tous les genres d'accroissemens que portent avec elles les discussions continuelles et publiques qui forment le fond des mœurs modernes, et la lecture des écrits que ces mœurs et nos arts font éclore tous les jours.

Que pouvaient entendre et répondre la

la nation et ses représentans, lorsque l'on venait leur exposer des affaires dont le principe, les détails, la conduite étaient autant de choses nouvelles pour eux, lorsqu'on leur parlait d'objets dont eux ni leurs gens n'avaient jamais entendu dire un seul mot; quel intérêt pouvaient-ils prendre à des choses qui, une fois sorties de leurs mains, étaient destinées à n'y plus revenir; mais, parmi nous, c'est toute autre chose. De courtes séparations éloignent les autorités les unes des autres. Un court silence interrompt leurs discussions: aucun des faits qui ont rempli cet intervalle, n'a pu échapper à leur connaissance, ni s'échapper de leur mémoire; la nation comme ses représentans se présente aux délibérations avec pleine connaissance de cause: là, il ne peut se trouver ni lacune, ni secret, ni oubli; le prince, soit par lui, soit par ses ministres, fait connaître la situation présente, les causes qui l'ont amenée, les besoins, les moyens, les maux et les remèdes. Tout est à découvert et un grand peuple reprend la conduite de ses affaires, comme deux amis reprendraient une conversation interrompue par une séparation de quelques instans. Admirable institution, apanage glorieux des modernes, tu manquas aux codes des anciens, nos maîtres sous tant d'autres rapports; tu fais notre honneur, tu veilles à notre sûreté; tu réalises ce que les utopies les plus exaltées en faveur de l'humanité renferment de plus touchant, le spectacle d'un monarque environné de son peuple, pour se communiquer réciproquement leur lumière, et dans un épanchement mutuel de confiance et de tendresse s'entendre entre eux sur tout ce qui importe à leur bonheur! C'est par le spectacle de ce rapprochement, et par toutes les idées qui s'y rattachent, que nous répondrons à ces détracteurs du temps présent, qui, toujours en habits de deuil, et puisant toutes leurs idées au pied des catafalques, ne cessent de nous importuner de leurs tristes rappels de temps qu'ils ne connaissent guère, et dont ils ne voudraient point pour leur compte.

Qu'ils disent ce qu'il y a de commun entre nos pacifiques et patriotiques réunions, et les états de 1614, dont la moitié se consuma à concilier les prétentions de quelques moines, et les états de Blois scellés du sang des Guises, et les états d'Orléans divisés entre les maisons de Lorraine et de Condé, et les états de Tours occupés à partager le pouvoir entre les oncles avides du jeune fils de Charles V. C'est en remontant ainsi dans le passé que nous apprendrons à connaître la valeur du présent, à nous attacher à nos institutions, à ne pas les sacrifier à des images dont la réalité ferait reculer d'horreur.

Que l'on mesure si l'on peut, par la pensée; tous les biens dont les germes sont renfermés dans les institutions dont nous jouissons. Elles nous ont coûté cher, il est vrai; nous les aurions eues sans frais, ou du moins à bien moindres frais, sans le double vertige qui fit rejeter, par l'assemblée constituante, l'institution de la pairie, et qui lui fit accepter la non réélection de ses membres. Mais enfin, elles nous sont acquises ces institutions; nous les avons; avec elles nous pouvons prétendre à tous les genres de bonheur; il y a plus, nous pouvons, par notre exemple seul, faire celui de tous les peuples : avec elles, nous répondrons à l'attente de l'Europe qui nous suit des yeux, pour se modeler sur nous, si nous savons remplir une destinée, dont la décision est dans nos mains. N'en doutons pas : l'Europe n'est point assez forte pour résister aux deux tribunes de France et d'Angleterre, s'il n'en sort que de la vérité et du bonheur : car, s'il en sort des lois pour ces deux pays, il en sort de l'enseignement pour le monde. Ce qui peut s'y opposer n'est pas en état de lutter à la fois contre les vœux secrets et bientôt éclatans des peuples et contre l'exemple du bonheur des autres peuples. Celui-ci est le plus grand séducteur qui existe sur la terre. Il a pour auxiliaires toutes les fibres du cœur humain. Il n'a fallu que la voix d'un illuminé, pour précipiter, pendant trois cents ans, tout l'Occident sur les tombeaux de l'Orient ; il ne faut plus que la voix de la raison et l'exemple du bonheur, pour ramener l'Orient de l'Europe vers l'Occident de cette contrée ; le temps des conquêtes militaires est passé, celui des conquêtes civiles l'a remplacé ; les peuples sont plus que conquis, ils sont mêlés ensemble. La publicité des discussions, et la communication établie entre tous les peuples, sont les véhicules irrésistibles de ce mélange, et pendant que des soldats ou des mutins ne parlent que d'épées et de molestations contre les gouvernemens, pour nous mieux aviser, écartons les instrumens de dommage, appelons du redressement de tous les torts à la publicité, au bonheur que nous pourrons montrer : que tout soit connu et tout sera bientôt redressé, c'est dans l'ombre que se commet et se cache le mal : que l'on soit heureux, et l'on sera bientôt imité. On ne rend pas assez d'honneur à la puissance de la publicité : elle n'a pas d'égale sur la terre. Quel est l'abus qui pourrait résister à une discussion publique ? Qui oserait entreprendre d'aller publiquement contre une vérité démontrée et entrée profondément dans l'esprit d'une nation : autant vaudrait dire que l'Académie des sciences pourrait se maintenir en opposition directe avec la géométrie.

Nous sommes donc arrivés à cette époque heureuse dans laquelle toutes nos affaires sont traitées en public et sous nos yeux. Le successeur de soixante-six rois qui nous gouvernèrent du fond de leurs cabinets, sort de cette enceinte resserrée pour venir s'entretenir avec nous de tous les intérêts de la patrie (1): ce que le besoin arrachait à ses prédécesseurs, la loi le rend doux et facile pour lui, ce qu'il n'était donné de revoir que de siècle en siècle, se remontre d'année en année, ce qui fut si souvent l'avant-coureur de l'orage, n'est plus qu'une garantie nouvelle du calme et de la

---

(1) Montesquieu ne pourrait plus dire:

« Les monarques de l'Asie ne font guère d'édits que pour exempter, chaque année, de tributs quelque province de leur empire ; les manifestations de leur volonté sont des bienfaits : mais, en Europe, les édits des princes affligent, même avant qu'on les ait vus, parce qu'ils parlent toujours de leurs besoins, et jamais des nôtres.

sécurité...., et puis que l'on dise que nous avons perdu le temps.

Cérémonie religieuse.

Un religieux et honorable usage a toujours, en France, fait précéder les solennités politiques par les solennités religieuses. L'interruption date de l'Assemblée législative. Depuis, sans qu'elles fussent expressément rétablies, elles eurent lieu quelquefois, notamment au retour qui rendit la paix conclue après la bataille de Wagram. L'ancien ordre a repris vigueur, et l'on ne peut que lui applaudir à cet égard. Si dans les prières qui n'ont que lui seul pour objet, l'homme ne peut faire parler que sa misère, sa faiblesse, et découvrir ainsi son néant, dans celles, au contraire, où la société tout entière s'adresse à l'auteur de toutes les sociétés, et remonte pour ainsi dire à sa source, la prière acquiert un caractère plus relevé, et change l'attitude du suppliant dans celle de l'enfant qui s'adresse à l'auteur de son être ; tout, dans les temples, sert d'enseignement à l'homme, en lui retraçant les attributs de celui à l'image duquel il fut formé : il n'est pas une seule de ses prières qui ne crie pour ainsi dire contre chacune de ses passions. Il est donc très-bon de remettre sous les yeux des hommes ce qui est propre à épurer leur cœur, et à les fortifier contre leurs passions au moment où ils vont entrer dans la carrière la plus propre à les développer. Fasse le ciel qu'elles soient restées toutes au pied du sanctuaire et à la porte des assemblées.

L'usage français l'emporte à cet égard sur l'usage anglais, qui n'admet point de solennité religieuse préparatoire à l'ouverture du Parlement : oubli remarquable chez un peuple très-religieux, et qui, sur la simple invitation du gouvernement, s'assujettit, dans d'autres circonstances moins graves, à des observances plus rigides.

Séance d'ouverture.

Ici encore, un usage français paraît l'emporter sur ce qui a lieu en Angleterre.

Parmi nous le roi trouve les membres des deux Chambres réunis dans la même enceinte, le seul avantage accordé à la Chambre des pairs, est d'être placée à la droite du trône.

Dans les anciens états-généraux le clergé, au titre du premier ordre, occupait cette place, l'ordre de la noblesse était placé à la gauche, et le tiers-état vis-à-vis le trône.

La division des pouvoirs résultant de l'adoption du gouvernement représentatif, a dû changer cet ordre de choses.

Les deux Chambres sont égales en juridiction, elles sont inégales en hiérarchie honorifique; une différence dans l'assignation des rangs à dû s'ensuivre.

Cette réunion des deux branches de la législature autour du trône offre un spectacle bien plus régulier que celui qui apparaît en Angleterre à la même époque; là, le Roi ne

actes du parlement. Ce mot *parlement* est l'ancien nom français de nos assemblées nationales, que les Anglais ont retenu ; et, depuis la conquête, le roi donne ou refuse son consentement aux bills par des formules françaises. En France, nous manquons d'un mot pour exprimer la réunion des Chambres, et désigner les actes qui en émanent. Nous sommes bornés à dire *les Chambres*. Les Anglais disent aussi la Chambre haute et la Chambre basse ; mais comment exprimerons-nous la réunion des deux. D'ailleurs, le mot *Chambres* correspond-il à la dignité des fonctions qu'elles exercent, à celle de leur destination, et de plus à celle d'une aussi grande nation ? Nous disons loi, ordonnance du roi, mais nous manquons de l'expression collective qui pourrait désigner à la fois et la loi et la source d'où elle provient.

Nous croyons nous rappeler qu'en 1814, il fut jeté quelques mots sur l'adoption du *mot* de parlement. Cette proposition fut écartée par deux raisons : la première, parce que, d'un côté, on craignait de rappeler les derniers

trésor, au lieu qu'aujourd'hui, ce sont les communes qui fournissent à l'un et à l'autre.

Mais nous croyons apercevoir quelque supériorité sur deux autres points dans les usages anglais. En Angleterre, le roi se rend à la Chambre des Pairs, dans laquelle il fait appeler les Communes.

En France, les Pairs se rendent dans la Chambre des Communes.

De quel côté l'ordre hiérarchique, consacré par le gouvernement représentatif, est-il mieux observé ?

Pour la plénitude de son accomplissement, ne serait-il point plus régulier que les deux chambres se réunissent auprès du roi, sur sa citation, dans un local étranger à chacune des deux Chambres ?

Dans un ordre vraiment hiérarchique, n'est-ce pas aux degrés inférieurs à se rendre auprès des supérieurs ?

En Angleterre, la réunion des deux Chambres s'exprime par un nom collectif, *Parlement.* Les lois qui émanent du consentement des trois branches de législature, s'appellent

parlemens ; la seconde, parce que, de l'autre côté, on craignait, pour d'autres raisons, de rappeler les premiers.

CÉRÉMONIAL.

QUESTIONS.

Le gouvernement représentatif présente trois autorités : elles ont des relations ensemble, elles doivent quelquefois se trouver en présence. La réunion étant nécessaire, par une conséquence qui est aussi nécessaire, le mode doit en être fixe.

A qui appartient-il de le faire ?

Est-ce à la charte ?

Mais lorsque la charte ne l'a point fait, à qui encore ?

Est-ce au concours des intéressés ?

Ce concours est nécessaire pour toute loi.

Les réunions doivent avoir lieu d'après la loi : ne doivent-elles pas aussi avoir des formes réglées par la loi ? peuvent-elles être exemptes des conditions requises pour toute loi; il s'agit de l'état de ceux-là même qui font la loi, et peuvent-ils exister sans loi, à l'égard les uns des autres. N'oublions pas que nous parlons du gouvernement représentatif, d'autorités agissant parallèlement, et qui, une fois créées et reconnues, ont une existence mutuellement indépendante. Il serait vain, pour ne point dire ridicule, d'exciper d'un état qui n'existe plus. Si l'on prétend s'appuyer de faits, ils sont infinis, divers, obscurs; ceux d'un temps ne peuvent rien pour un autre : veut-on faire choix d'époques et y remonter; il n'y a pas de raison pour ne pas remonter jusqu'aux plus reculées, et finalement jusqu'à Pharamond, qui est le plus haut degré d'antiquité, et par conséquent de respect qui existe dans notre histoire; ce qui ne rend point ce qui se pratiquait alors, plus applicable à ce qu'il y a à faire aujourd'hui. Mais par quel droit a été rempli l'intervalle de lui à nous? voilà ce qu'il y a à demander.

Il serait bien superflu de parler des usages admis aux états généraux. Tout y a été va-

levée. Les barons avaient fait la grande charte pour eux, et non point pour la nation; on aperçoit dans cet usage les traces des chaînes qui pesaient alors sur le fonds des nations, un peu plus, un peu moins...

Alors la nation politique n'était composée que des prêtres et des nobles; ils étaient tout, et le peuple rien. Le peuple, représenté de loin en loin par les échevins de quelques villes seulement, paraissait humblement à genoux, et dans la posture de supplians. Les affranchissemens, la richesse mobilière et scientifique dont le peuple est aujourd'hui si largement doté, ont changé tous les rapports. Le nouvel usage français représente bien mieux, que ne le fait l'usage anglais, la condition actuelle du peuple ; et nous ne doutons pas que, si une réforme parlementaire a jamais lieu en Angleterre, cet usage n'éprouve des modifications calculées sur l'état actuel des communes, et sur les degrés d'importance qu'elles ont acquis dans l'État. Il ne faut point oublier qu'aux temps anciens, c'étaient les prêtres et les nobles qui fournissaient à la guerre et au

trouve pas les communes réunies avec les pairs pour l'attendre, c'est de la Chambre des lords qu'il les fait citer, et c'est à la barre de cette Chambre qu'elles comparaissent.

La dissolution de la Chambre des communes n'emporte pas plus de formalités propres à rappeler la dignité et la puissance de la Chambre qui représente plus spécialement la Nation, et qui dispose de ses immenses tributs. Il suffit de l'apparition de l'huissier qui vient enlever la masse placée sur la chaire de l'orateur, et la Chambre n'existe plus.....

Ce défaut de préliminaires honorables a donné lieu quelquefois à des scènes peu dignes de la gravité d'une pareille assemblée ; on a vu l'entrée de la Chambre défendue contre le porteur du message de dissolution, jusqu'à ce que le bill que l'on voulait prévenir par elle eût été adopté....

La distance prodigieuse que l'usage a introduit et maintient entre l'état honorifique des deux Chambres anglaises date du temps où, dans toute l'Europe, les communes n'avaient point une existence légale ni bien re-

riable, obscur, contesté, fonds et formes, droits et mode d'exercice de ces droits : nos Etats généraux sont la chose dans laquelle on voit le moins clair; nos assemblées des notables de même. D'ailleurs comment parler d'états-généraux sans ordres, sans clergé, sans noblesse, sans tiers-état, et faire un choix dans ce qui n'existe pas; reste donc le gouvernement représentatif avec tous ses attributs, et c'est sur eux qu'il faut se régler.

En 1789, à l'ouverture des états-généraux, M. le garde des sceaux, s'adressant aux trois ordres, dit : Le roi ordonne de s'asseoir, et permet qu'on se couvre. Depuis ce temps on n'a rien dit.

Le prince en entrant a trouvé les membres de l'assemblée debout : quand il s'est assis, il a été fait de même par eux.

Il s'est couvert, il a parlé, l'assemblée est restée découverte. Un changement vient d'avoir lieu.

Le roi a dit : Messieurs les pairs, asseyez-vous; M. le chancelier, au nom du roi, a donné à MM. les députés la permission de s'asseoir.

De plus, M. le chancelier a prévenu MM. les députés nouvellement élus, que S. M. permettait qu'ils prêtassent leur serment devant elle.

Ici se présentent plusieurs questions.

Ce cérémonial est-il convenu, sera-t-il fixe? il est le premier de son espèce, sera-t-il le dernier? il n'avait pas lieu hier, l'aura-t-il demain? a-t-il force par le seul fait, ou par adoption expresse et convenue? y sera-t-il ajouté, retranché, dérogé? qui en a le droit? En Angleterre, le roi pourrait-il changer le cérémonial usité à l'ouverture du Parlement, pourrait-il la faire tantôt dans la chambre haute, tantôt dans la chambre basse, tantôt assis, tantôt debout, les membres du Parlement tantôt à la barre, tantôt dans l'enceinte de l'assemblée. La nécessité d'un réglement fixe se fait donc sentir parmi nous.

L'importance de ces réglemens n'est point dans ce qu'ils statuent, dans ce que l'on pourrait appeler le matériel du réglement, mais dans le droit qu'il suppose dans son établissement, et qu'il confère à son tour. La charte a déterminé qu'il y aurait réunion, on s'est borné là ; à qui le reste appartient-il? Ce n'est pas le roi, mais la charte, qui fait que la réunion a lieu; le roi ne fait qu'en indiquer l'époque, parce qu'il n'y a que lui seul qui puisse le faire, la nature des choses le veut ainsi. Comment la Chambre des pairs pourrait-elle convoquer celle des députés? et comment celle-ci convoquerait-elle celle des pairs? Il faut une troisième et commune autorité pour faire, à l'égard de toutes les deux, ce que l'une ne peut faire à l'égard de l'autre. Quelle est celle des deux à laquelle il pourrait appartenir de remettre à l'autre la partie du gouvernail que la charte met en réserve pendant la vacance des Chambres? et ne doit-il pas y avoir un dépositaire commun à cet égard? Mais on sent qu'il n'y a rien de commun entre la convocation d'une assemblée et la prescription des formes qui doivent y être observées ; elle ne peut jamais faire le premier, elle est très-apte à faire le second.

La gradation observée dans l'invitation et la permission accordée et donnée aux deux Chambres, est faite pour marquer la hiérarchie qui se trouve entre elles. Il en existe une très-marquée entre les trois pouvoirs, et qui sort de la nature même du gouvernement représentatif. Les honneurs doivent être en sens inverse de la force réelle; s'ils étaient réglés sur elle, tout serait perdu. Si à la force réelle de la Chambre, qui représente tous les bras qui remplissent les différens services de la société, et tous les écus qui paient ses dépenses, se joignaient encore des honneurs correspondans à cette masse immense de puissance réelle, que resterait-il pour les autres branches de la législature? que seraient-elles en comparaison de celle-là? C'est parce que tout le réel de la puissance est de son côté, qu'il faut que tous les honneurs soient d'un autre. Ce n'est point de la dégradation que la nation subit par-là, c'est de la sûreté qu'elle cherche contre elle-même, en atténuant ses propres forces, en transportant à d'autres un éclat dangereux chez elle, indispensable chez eux, en élevant entre eux et elle la barrière d'un respect inviolable; on aperçoit là un ordre de choses donné par la raison, le guide infaillible de l'homme.

Dans le gouvernement représentatif, le prince a plus besoin d'éclat que dans le gouvernement arbitraire ou despotique. Car dans celui-ci il est seul, environné des plus terribles images; il n'est point exposé à se trouver en face d'aucune autre autorité, il ne la partage avec personne, et plus il jouit du solide du pouvoir, mieux il peut se passer de ses prestiges.

En Angleterre, le roi se borne à prononcer les discours déterminés par la loi. C'est la fonction royale qu'il vient remplir, et il s'y tient; il n'y mêle aucun autre acte. Jusqu'aujourd'hui il en a été de même en France. Il est sans exemple qu'un roi d'Angleterre ait, dans ces occasions, adressé nominativement la parole à qui que ce soit, hors du cercle tracé par la loi. De même en France:

dans les deux pays, tous avis, permission et injonction sont transmis par l'organe du chancelier. Si un usage contraire l'établit, ne devrait-il point être l'objet d'un réglement formel.

M. le chancelier a permis, au nom du roi, à MM. les députés, nouvellement élus, de prêter leur serment devant S. M. Cela est encore tout neuf, si nous ne sommes pas trompés. Jusqu'à ce jour les députés avaient été simplement *appelés* à prêter serment; comme il est dans la loi, comme il est le complément des conditions requises pour exercer les fonctions de député, il semble que le mot *appeler* est le mot propre. Le roi reçoit en personne le serment de plusieurs fonctionnaires publics, la réception du serment est toujours une chose noble, parce que le principe et la fin en sont augustes. Prêter un serment, n'est pas une permission que l'on remplit. Un homme n'a pas besoin qu'on lui permette d'accomplir ce qu'il a le devoir de faire....

Cette locution et le serment lui-même

sont-ils assez bien déterminés? On ne voit pas clairement à qui le serment est prêté. Cependant le mot prêté suppose quelqu'un pour recevoir et pour accepter le prêt. Ici, il ne paraît personne. Dans ce cas, le mot propre ne serait-il point prononcé? Alors le serment du député serait général, et s'entendrait d'un engagement vis-à-vis de lui-même, du roi et de la nation.

Si c'est là ce que l'on a entendu, nous y applaudissons du fond du cœur; mais il fallait le dire.

Les observations n'ont rien de minutieux que les apparences; il s'agit d'autorités agissant à l'égard les unes des autres : cela a toujours été un sujet de grande attention entre elles; chacune a ses droits, son existence à part; il faut garder que les empiètemens, les commandemens, les supériorités, ne se glissent et ne s'établissent point à l'abri de formules, qui peuvent n'être pas sans intention d'un côté, qui passent sans attention de l'autre, et qui, a défaut de contradiction, finissent par être érigées eu titres de droits. Cette surveillance est d'autant plus nécessaire, que parmi nous il règne une fatale propension à eriger les faits en droits, et à conclure qu'on a le droit d'être maître, parce qu'on est le maître. Appuyé sur les *prenans parts,* les gens d'armes, les juges, et tout ce qui s'ensuit, on nous a pendant vingt-cinq ans exploités à loisir; les uns par peur, les autres par intérêt, tous y ont également passé; la France est le meilleur pays du monde pour les grands et pour les petits maîtres.

QUESTION:

Le nom du Roi doit-il être prononcé dans les Chambres?

En Angleterre, cette mention exciterait une réclamation générale; le membre qui se la permettrait serait rappelé à l'ordre. Dans le fait, par ce seul mot, il aurait changé la nature de la constitution, et d'une chose il aurait fait un homme.

Les discours du roi sont appelés *discours du trône.*

Les ministres s'appellent *serviteurs de la couronne.*

Tout cela est juste, conséquent, dénote des hommes qui connaissent la nature de leur gouvernement, qui réfléchissent, qui s'attachent aux choses, et négligent les mots.

Raisonnons.

Dans le gouvernement représentatif, qu'est le roi? La première des autorités reconnues par la loi.

En quelle qualité agit-il? Comme individu ou comme autorité.

Que propose-t-il à la discussion des Chambres? Des actes d'homme, ou des actes d'autorité agissant d'après la loi.

Quel est l'objet de ses propositions? La confection de la loi. Cette confection est-elle un acte d'homme ou d'autorité?

Quand il appose le sceau de son consentement à ces propositions, et qu'il les convertit en loi, en ajoutant le sien à celui des autorités qui y concourent avec lui, est-ce le sceau d'un homme ou celui d'une autorité qu'il y appose ? Il n'agit donc que comme autorité. Ses propositions ne sont discutées que comme celles d'une des autorités qui concourent à la confection de la loi ; ses ministres ne sont que les agens de son autorité. Il faut donc ne parler que de l'autorité royale, et jamais de la personne royale, parce qu'il est toujours question de la première, et jamais de la seconde, et qu'en faisant le contraire, on fait tomber la réponse sur un sujet étranger à la demande. En parlant de choses différentes, on ne peut pas s'entendre.

La méthode contraire porte avec elle de singuliers inconvéniens.

La mention du nom du roi détruit la liberté. Comment être libre vis-à-vis de ce qui est fortement au-dessus de nous ? Lorsqu'en politique on présente le roi, c'est comme si, en religion, on en appelait à la personne même de la Divinité : s'il lui plaisait de se manifester, il ne resterait qu'à adorer.

Qu'aurait-on à répondre au député qui, en entendant proférer le nom du roi, déclarerait que la mention de ce nom auguste lui fait perdre la liberté dont la discussion ne peut se passer ? En France, on dit que c'est par amour, par respect, que l'on parle toujours du roi; en Angleterre, on dit aussi que c'est par respect que l'on n'en parle jamais. De quel côté le respect est-il mieux entendu ? Est-ce pour avoir occasion de célébrer des vertus ? à quel titre s'en faire l'appréciateur ? L'éloge lui-même n'est pas dépourvu de jugement, et le roi n'a pas de juges. Est-ce pour faire éclater des sentimens d'amour ? Depuis des siècles, leurs courtisans en disent autant. L'usage anglais paraît donc fondé en raison; il montre que dans le gouvernement représentatif, qui est tout de réalité, qui n'a rien de fictif, on ne peut voir que l'autorité du trône, et non point de l'homme qui l'occupe, parce que, semblable à la nation, le trône est toujours présent, agissant, exempt de vicissitudes. On a entendu un grand guerrier, créateur du plus grand trône qui ait dominé l'Europe, dire que c'était lui qui *était le trône, et non pas quatre planches de sapin couvertes d'un tapis de ve-*

lours (1). Eh bien, ces quatre planches de sapin, sur lesquelles, depuis vingt-trois ans, personne ne s'était assis, ont renversé l'*homme fait trône ;* et l'on a vu le trône d'Angleterre briller d'un éclat toujours existant, à mesure que le monarque l'éclipsait; on l'a vu s'élever et s'agrandir, aux yeux du monde, à mesure que le prince l'abîmait sous le poids des misères humaines. Voilà deux leçons dont il faut savoir profiter.

La confusion vient chez nous de ce que nos idées ne sont pas suffisamment débrouillées sur la nature du gouvernement au milieu duquel nous sommes transportés. Nous y arrivons avec les idées d'un régime antérieur ; nous y apportons les souvenirs d'un autre ordre; nous faisons comme ces hommes qui, sachant mal une langue étrangère, commencent par parler dans la leur, et rendent ensuite comme ils peuvent leurs idées dans cet idiome étranger. En tout, notre éducation constitu-

(1) Paroles de Napoléon aux députés du Corps législatif. (*Janvier* 1814.)

tionnelle n'est pas encore fort avancée. Il n'y a de perfectionné que l'art de former une majorité avec laquelle on produit des actes. Depuis vingt-cinq ans, chaque majorité a détruit ce qu'avait fait la précédente.

La suite de ce travail nous fournira des preuves de ce retard : nous le continuerons à mesure que les faits en fourniront le sujet. Heureux si nous pouvions offrir un modèle de discussion dans laquelle la liberté serait sans licence, la vérité sans offense, le respect sans flatterie, et l'instruction sans ennui.

POST-SCRIPTUM.

Nous nous sommes abstenu de toute réflexion sur le discours du trône, parce que, comme il n'appartient qu'aux Chambres d'y répondre, il nous a paru aussi qu'il n'appartenait qu'à elles de l'examiner publiquement.

Nous nous bornerons à dire que c'est avec la plus vive satisfaction que nous y avons trouvé l'annonce du terme prochain des charges imposées par suite de l'invasion de 1815. Si nous sommes rassurés sur l'Europe, elle peut aussi l'être sur nous : que l'on se connaisse bien de part et d'autre, et l'on cessera de se craindre et de se jalouser. D'ailleurs, nous sommes arrivés à une époque dans laquelle on fait plus avec de la bienveillance mutuelle, qu'avec de la ruine, des sévices et des menaces, autant d'attributs des petits esprits et des mauvais cœurs. La fin prochaine des cours prévôtales nous a aussi beaucoup réjouis... Autre inutilité de moins...

Nous voudrions pouvoir exprimer la même satisfaction sur l'annonce d'un concordat avec le pape. Comme il n'est point connu officiellement, nous n'avons rien à en dire, quant au fond.

Il y a deux mois, il avait répandu dans Paris une alarme vraiment risible. C'était lui faire beaucoup d'honneur, car s'il est inutile, il n'est pas dangereux. Les libertés de l'église gallicane sont plus en sûreté sous un gouvernement représentatif, qu'avec tous les parlemens du monde. Le pape est une puissance d'opinion; s'il vient jamais à choquer un gouvernement d'opinion, on verra. S'il y avait eu des gouvernemens d'opinion aux époques des Grégoire VII, des Boniface VIII, ils n'auraient pas fait tant de bruit. On peut donc être fort tranquille à cet égard. Mais ce qui peut porter à d'autres réflexions, c'est, pour un peuple abîmé d'impôts, et dont la moitié manque de pain depuis deux ans, de voir une partie de sa fortune passer à multiplier des cathédrales. Il faut garder que l'érection des cathédrales ne sappe des autels; car le cœur des peuples pressurés, finit par se placer dans leur bourse. En Belgique, pays au moins aussi religieux que la France, on ne s'est pas occupé un instant des prêtres, qui sont traités *sur le pied français*, tandis qu'en France on ne cesse d'en parler depuis quatre ans. C'est une manie véritable.

Il paraît de plus que le pape revendique Avignon; alors que deviennent le Congrès de Vienne et les Traités de Paris, qui ont assuré ce pays à la France?

Le pape avait perdu ses états de deux manières :

La première, légale et conforme au droit public, pour avoir, en 1796, fait la guerre, terminée par le traité de Tolentino, qui sépara les légations de ses états. La perte ou le gain des états est le prix de cette espèce de jeu qu'on appelle la guerre ; quand on ne veut pas y perdre, il ne faut pas y jouer.

La seconde manière, violente, illégale, injustifiable.

La spoliation opérée, en 1810, de cette partie de ses états, vulgairement appelée patrimoine de saint Pierre. En 1814, le pape se remit de plein droit en possession de cette partie sur laquelle personne n'avait rien à réclamer ; au contraire, il n'osa pas toucher à la première, restée sous le séquestre de l'Europe, jusqu'à la remise que lui en fit le Congrès de Vienne, parce que le territoire faisait partie de la reprise faite sur le royaume d'Italie, auquel il était annexé, dont la disposition dépendait du Congrès, comme faisant partie d'un état reconnu par toute l'Europe, par le pape lui-même, et qui, comme le patrimoine de saint Pierre, n'était plus l'objet de ses réclamations.

Il faut s'entendre. Les Traités sont-ils quelque chose ou ne sont-ils rien? a-t-on le droit de revenir éternellement réclamer sur ce que l'on a fait, acquis ou cédé au même titre par lequel les autres états se trouvent liés? Peut-on distinguer commodément dans le même principe d'autorité pour choisir et reconnaître ce qui est favorable, et rejeter ce qui est contraire? où conduirait une pareille méthode? Ainsi, d'un côté, le pape revient sur ce qui était éteint par les Traités, décidé par le Congrès de Vienne, et d'un autre côté, il reconnaît ce même Congrès, lorsqu'il lui remet une autre partie de ses états; il invoquerait cette autorité s'ils étaient menacés. On cherche quelque accord dans cette conduite.

Dans son allocution du 4 septembre 1815, après avoir dit que la restitution de la Romagne *avait inondé de joie le cœur des bienheureux apôtres*, le pape, qui venait d'annoncer que le Congrès la lui avait rendue, a protesté contre la non-restitution d'Avignon. Y avait-il donc dans le Congrès de Vienne deux principes différens d'autorité, que l'on peut reconnaître ou méconnaître à volonté? Tout celá est-il concevable et recevable au tribunal de la saine raison?

Les souverains qui ont fait le Congrès de Vienne, après avoir opéré, par leurs armes, les changemens qui ont eu lieu en 1814, ont exercé, d'après la nature même des choses, une espèce de dictature et de protectorat sur la partie vàcante et troublée de l'Europe, ils ont dû porter des décisions obligatoires également pour tous ceux qui s'y sont trouvés compris, et l'on ne voit pas que personne, hormis le pape, ait tenté de s'y soustraire d'un côté en s'y soumettant de l'autre..... On ne voit pas que l'on protestât contre les stipulations du Traité de Westphalie, après en avoir accepté d'autres. Mais telle est le génie de la cour de Rome; toujours prête à ériger les faits en droits, elle a toujours à ses ordres des réserves pour faire valoir les mêmes droits pendant toute l'éternité.

On dit que le concordat parle de paix rendue à l'église. Nous savions bien qu'il y avait la guerre entre le pape et Napoléon; mais nous ne nous étions pas aperçus qu'il y eût la guerre dans l'église de France. Tout y paraissait fort tranquille et fort d'accord; le mécontentement de quelques évêques, revenus d'Angleterre pour reprendre des siéges dont une partie n'existe plus, ne constituait pas un état de guerre pour l'église gallicane qui vivait en paix sans eux, comme elle l'eût fait avec eux....

Il n'y avait de controverse sur aucun point, ni de contestation entre personne. Les événemens de 1814 avaient séparé les combattans; la paix se trouvait donc toute faite.

On n'aperçoit pas distinctement la liaison qui existe entre notre temps et celui de Léon X et de François Ier. L'étoffe sur laquelle ils travaillèrent, la matière bénéficiale, n'existe plus parmi nous. On n'aperçoit pas plus clairement l'avantage qui peut se trouver à faire souvenir les hommes qu'un jour le roi donna le spirituel à un pape, et que le pape donna le temporel à ce roi. Tout cela était fait, et n'était pas utile à rappeler.

De plus, le rappel du concordat de Léon X, rappelle et renouvelle la cause des troubles qui ont plusieurs fois divisé Rome et la France. Elle provient de l'inégalité que ce concordat établirait entre le pape et le roi de France, d'une manière très-préjudiciable à ce dernier. Par ce concordat, le pape peut refuser l'institution canonique aux sujets présentés par le roi, sans alléguer de motifs canoniques, et, de son côté, le roi n'a aucun moyen de contraindre le pape à instituer les sujets *canoniquement irréprochables*. Il est évident que la condition était inégale entre les contractans; nouvelle preuve de la nécessité de se bien aviser avant de transiger avec Rome. C'était pour rétablir l'égalité, terminer tous les différens actuels, les rendre impossibles à l'avenir, et couper le dernier lien par lequel Rome tient les souverains sous sa dépendance, que le dernier concordat avait été conclu. Les évêques étaient institués dans tous les cas de contestations avec Rome : l'église n'avait point à en souffrir ; les souverains et le clergé retrouvaient leur liberté ; on avait travaillé pour le monde chrétien autant que pour la France. Un jour, il regrettera les fruits perdus de ce travail. On n'aurait plus revu un prince aussi puissant, aussi altier que l'était Louis XIV, réduit à voir, pendant *onze années*, ses nominations sans réponse de la part de Rome, *trente-deux évêchés vacans*, et *ses nommés* réduits à leur tour *à se rétracter et à s'humilier*, à l'exemple du roi lui-même, qui n'apaisa Rome qu'au moyen de lettres qui furent long-temps pour elle un grand sujet de triomphe : et cependant on avait alors *Bossuet*, les parlemens, l'université ; et le secours de toutes ces machines ne put pas faire reculer Rome d'un pas.

Il faut bien se garder de confondre le pape chef du culte catholique, avec la cour de Rome : le premier doit toujours être un objet de respect, et la seconde un sujet de défiance : il y a aussi loin de l'une à l'autre, que de la religion à la chancellerie romaine.

Depuis quelques années, il est devenu de

mode d'affecter la religion, de la ramener à tout propos : de même pour la Providence; pour la plus petite chose, on montre l'action directe et visible de la Providence; c'est à se croire à Constantinople, au milieu de ceux qui crient vingt fois par jour *allah, allah*, Dieu est grand et Mahomet est son prophète. Cette manie a surtout gagné chez les femmes qui, comme chacun sait, sont d'excellens juges dans ces matières : elles ont oublié le précepte qui leur interdit de parler dans l'église, qu'elles ont toujours eu la fureur de régenter, et qu'elles n'ont jamais manqué de troubler. Les femmes sont toutes *passions*, et l'église est toute calme, ennemie des passions. Les querelles religieuses ont été, pendant quinze cents ans, la fièvre continue de l'Europe, avec redoublemens et transports par intervalle. L'intermittence durait depuis soixante ans, beaucoup de symptômes font craindre le renouvellement de la maladie. Chez beaucoup, la religion est considérée comme un instrument de domination et d'empire sur les peuples; chez d'autres, c'est une arme, un reproche, une accusation contre des ennemis; chez un grand nombre, c'est tout bonnement une hypocrisie politique ou intéressée. Le trône et l'autel se sont tout d'un coup trouvés environnés de légions de chevaliers, que l'on n'attendait guère, et qui seraient bien embarrassés de dire ce qu'ils font là, ni ce qu'ils y cherchent.

Dans l'histoire des quatre concordats, nous chercherons à mettre un peu d'ordre dans ces idées fort troublées, ainsi qu'à faire connaître ce qu'il y a de religieux et de national dans chacun de ces actes. C'est là le vrai point de la *question*.

FIN.

De l'Imprimerie de Cellot, rue des Gr.-Augustins, n° 9.

www.ingramcontent.com/pod-product-compliance
Lightning Source LLC
LaVergne TN
LVHW010043230826
846091LV00005B/1840

9782011772251